Ute Andresen · Monika Popp

ABC – und alles auf der Welt

Ein Lese-Schatz-Buch

Dieses Buch gehört

____

ABC und alles auf der Welt

Ein Lese-Schatz-Buch

Geschrieben von Ute Andresen
Gemalt von Monika Popp

BELTZ
& Gelberg

Wie man lesen lernt…

… weiß man kaum noch, wenn man es erst einmal kann. Man tappt wie in dickem Nebel herum, sucht und tastet, horcht und prüft, grübelt und wartet. Man will begreifen und hofft, dass all diese schwarzen Zeichen einen Sinn bekommen werden.
Irgendwann beginnt sich der Nebel zu lichten. Wörter geben sich zu erkennen. Sätze bauen sich auf. Ganze Geschichten entstehen. – Auf dem Papier? Im Kopf? Oder entfalten sie sich schwebend zwischen dem bedruckten und beschriebenen Papier und dem denkenden Kopf?
Auf jeden Fall muss man die sechsundzwanzig Buchstaben mit Namen kennen und zu jedem den kleinen Bruder wissen. Der hat denselben Namen und sieht ähnlich aus wie U · u *oder auch ganz anders wie* E · e. *Später muss man begreifen, wie* e *und* u *als* eu *und* e *und* i *als* ei *klingen. Und kaum hat man verstanden, dass* S *und* c *und* h *zusammen* Sch *gesprochen werden, tauchen Wörter auf, bei denen nur ein* S *zu sehen, aber ein* Sch *zu hören ist, wie in* Stern *und* Storch.
Wenn man weiß, wie die Buchstaben heißen, kann man noch kein Wort lesen. Man muss sie erst zusammenfügen, von links nach rechts: Ha-O-eS-E. *Etwa so? Was soll das sein? Das zu erkennen ist leichter, wenn man nicht die Namen der Buchstaben benützt, sondern sie beim Lesenlernen als die Laute hört und spricht, als die sie in den Wörtern vorkommen. Da liest man dann vielleicht:* H-O-S-E.
Das ist nur noch kein Wort. Die Laute müssen zusammenschmelzen, im Mund und im Ohr: HHHOOOSSSEEE. *Aber was bedeutet das? Die vertrautesten Wörter werden fremd, wenn man sich so sehr um sie müht! Jetzt kann ein Bild helfen, eine Berührung am eigenen Beinkleid oder wiederholtes Sprechen, Spüren und Horchen. Plötzlich stellt sich das „Aha!" ein. Das Lesekind lächelt. Es hat das Wort erkannt und wiederholt nun mit Verstand: Hose!*
Für jedes einzelne Wort braucht es dieses „Aha!", nur kommt es mit der Zeit selbstverständlicher und schließlich unmerklich. Jedes Mal ist es eine Freude. Wer nicht abwarten kann, bis sich im Kopf des Lesekindes Zeichen-, Laut- und Erfahrungsgestalt zueinander fügen, wer ihm das fertige Wort vorsagt, betrügt es um diese Freude.

Lesen lernt man, weil man sich etwas davon verspricht: die Begegnung mit neuen Erfahrungen, fremden Ideen, üppigen Phantasien, großen Gedanken, mit freundlichen und feindlichen Mächten, mit Bildern des Lebens, die die eigene Welt weiter und reicher machen. Wer als Kind viel vorgelesen bekommt, weiß vor dem Lesenlernen, dass all dies in Büchern aufbewahrt ist. Wer sich in Bilderbücher vertiefen durfte, weiß, wie dort Fremdes und ganz Vertrautes miteinander verwoben sein können.
Zum Lesenlernen braucht man ein Buch, das ahnen lässt, was Bücher einem Menschen bedeuten können. Dieses ABC-Buch soll so ein Buch sein:

- Jeder Buchstabe des Alphabets wird mit einer farbigen Doppelseite gefeiert.
- Der WORT-SCHATZ auf der nächsten Seite nennt die Namen der Dinge auf den Bildern so, wie sie einander in Leserichtung folgen.
- Darüber steht ein Rätsel, zu raten ist ein Ding aus den Bildseiten. Die Lösungen finden sich hinten im Buch.
- Auf den folgenden Textseiten gibt es Gedichte und Geschichten in schöner großer Schrift. Sie sind immer dem Buchstaben gewidmet, der rot die Seite krönt.

Jedes Kind kann in diesem Buch vieles aus seinem eigenen Leben wiederfinden und ganz neuen Dingen begegnen. Schön ist es, wenn es einen Erwachsenen hat, den es fragen kann, nach Buchstaben, Lauten, Wörtern, Bedeutungen, nach seinen Gedanken und Erfahrungen zu dem, was man miteinander im Buch entdeckt. Einen Erwachsenen, der auch gerne zuhört und sich freut an dem, was ein Kind lernt.
Lesenlernen ist eine große Erfahrung, die Kraft braucht und Ruhe, Mut und Geduld, bis man allmählich immer leichter den Weg aus dem Nebel in die Klarheit findet. Jeder muss seinen eigenen Weg finden. Und wie das geschieht, …

…ist ein Geheimnis.

a
marmel

A

RÄTSEL

Im Frühling leuchtet's rosenrot,
dann gibt's den Bienen reichlich Brot;
im Sommer ist es grün und klein,
da wird es kaum beachtet sein.
Doch kommt der Herbst, wird's reif und rund
und wiegt zu dritt ein ganzes Pfund.
Rat: rosenrot und grün und klein
und reif und rund – was mag das sein

(Volksgut)

?

WORT-SCHATZ

Schrank ⋆ baden ⋆ Lampe ⋆ Schal
Mantel ⋆ Salamander ⋆ Marmelade
Schlange ⋆ Kastanie ⋆ Schafe
Palme ⋆ Adam ⋆ Paradies ⋆ Eva ⋆ Adler
Abend ⋆ Amsel ⋆ Arzt ⋆ Angel ⋆ Ameise
Aprikosen ⋆ Affe ⋆ Akelei ⋆ Ananas
Anemone ⋆ Apfel ⋆ Aal ⋆ Anker

A · a

Abends im Bett
ist mir nicht bange:
Mama ist da,
ich hör sie noch lange.

Ich höre es rascheln –
ich glaube, sie liest.
Sie räuspert sich leise.
Jetzt hat sie geniest!

Das Telefon klingelt.
Sie redet und lacht.
Ihr Bett knarrt. –
Nun hat sie
das Licht ausgemacht.

A · a

Anna ist mit Papa beim Arzt.
Anna hat Halsweh.
Ist Anna krank?

„Sag mal Aaa!“, sagt der Arzt.
Anna mag nicht, aber sie muss.
„Aaaaaa!“, sagt Anna.
„Aha!“, sagt der Arzt,
„das dachte ich mir.“
Aber er sagt nicht,
was er sich dachte.

Anna mag nicht fragen.
Sie zieht sich an.

Draußen fragt Anna:
„Was hab ich, Papa?“
„Angina“, sagt Papa.
„Das dachte ich mir“, sagt Anna.
Dann gehen sie zur Apotheke.

Es steht auf der Wiese
und ist ganz brav?
Wer denn? –
Ein Schäfchen,
ein kleines Schaf.

Sie betteln um Nüsse,
wenn wir sie begaffen.
Wer denn? –
Die Äffchen,
die kleinen Affen.

Au · au

Wenn Klaus mit den Aufgaben fertig ist,
fragt er: „Darf ich raus?“
Jeden Tag will Klaus raus,
auch wenn es regnet und stürmt.

Hinter dem Haus steht ein altes Auto.
Das gehört jetzt Klaus.
Da wohnt er ganz allein.
Er hat Decken und Kissen in seinem Haus
und alle seine Tiere und Bücher.

Aus dem großen Haus nimmt Klaus
etwas zu essen und zu trinken mit.
Dann macht er es sich gemütlich,
isst und trinkt und liest.

Oder er macht einen Ausflug.
Er stellt den Scheibenwischer an.
Er lässt den Motor brummen.
Er dreht das Lenkrad hin und her.

Manchmal kommt Laura mit.
Bei Sonne steigen sie unterwegs aus.
Wenn es regnet,
schauen sie nur zum Fenster hinaus.

TRAUM

Ich träume oft von einem Tier.
Ich träume, es wär mein.
Ich träume dann, es käm zu mir
und sagte: „Sperr mich ein!“

Ich träume, dass es Hunger hat
und Angst, doch nicht vor mir.
Ich träume dann, ich mach es satt
und sag: „Ich bin bei dir!“

Ich streichel es.
Da hält es still, so still. –
Ich atme kaum,
weil ich es nie verlassen will,
und wär’s auch nur im Traum.

B
Deine
Bea
Liebe Bibi,
Bäckerei

RÄTSEL

Der arme Tropf hat keinen Kopf.
Das arme Weib hat keinen Leib.
Die arme Kleine hat keine Beine.
Sie ist ein langer Darm,
doch schlingt sie einen Arm
bedächtlich in den andern ein.
Was mag das für ein Weiblein sein

?

(J. P. Hebel)

WORT-SCHATZ

Laub * bauen * Hobel * Kohlrabi
Mohrrüben * Schwalbe * Baby * Robbe
Knoblauch * Mäusebussard * Zwiebel
beten * bellen * betteln * Biene * Brücke
Bär * Bücher * Brief * Birne * Brille
Birne * Birke * Bäcker * Besen * Bürste
Brot * Brezel

Die Bären
brummen.

Die Bienen
summen.

Die Buben
bauen.

Die Babys
schauen.

„Bubi!“ – Keine Antwort.
„Bu - bi, komm bitte!“
Bubi kommt nicht.
Da liegt sein Ball, aber wo ist er?

Mama fragt Bärbel:
„Hast du Bubi gesehen?“
„Wir haben Ball gespielt“, sagt Bärbel.
„Aber wo er jetzt ist,
weiß ich nicht.“

Mama ruft wieder: „Bu - bi!“
Vergeblich.
Bärbel ruft, so laut sie kann:
„Bernhard! Wo bist du?“
„Hier bin ich!“,
ruft es im Baum über ihnen.

„Er heißt doch nicht Bubi“, sagt Bärbel.
Mama gibt ihm ein Bussi.
„Darf ich nie mehr Bubi sagen?“
„Nur daheim!“, sagt

Bernhard.

Mein Ball,
mein Ball ist bunt,
ganz bunt
und kugelrund.

Mein Ball,
mein Ball, der springt,
springt hoch,
so hoch –
und singt.

ck
C
ch

C
Circus

RÄTSEL

Hat Saiten
wie Bass und Geige.
Hat Wirbel
wie Geige und Bass.
Ist kleiner als dieser,
ist größer als jene.
Das ist doch …
Ja, sag:
Was ist das

?

WORT-SCHATZ

ck * Maiglöckchen * ch

Buche * Eiche * Buchecker

Zucchini * Chicorée * Eichel

Clowns * Circus * Cello

*Was die Clowns
auch machen –
sie wollen,
dass wir lachen.*

Ich auch

Mama trägt das Kleine.
Trag mich auch!
Du bist doch groß.

Mama badet das Kleine.
Bade mich auch!
Du bist doch groß.

Mama füttert das Kleine.
Fütter mich auch!
Du bist doch groß.

Mama legt das Kleine ins Bettchen,
Soll ich dich auch ins Bett legen?
Ich bin doch groß!

Mama ruht sich aus.
Ich auch.
Wir ruhen uns aus.

ck

Huckepack!
Huckepack!
Ich reite durch den Zoo.
Mein Vater trägt mich huckepack.
Die Löwin trägt ihr Junges so:
Sie packt es mit dem Maul am Nacken.

Huckepack!
Huckepack!
Ich reite durch den Zoo.
Mein Vater trägt mich huckepack.
Die Äffin trägt das Äffchen so:
Es klammert sich an ihren Bauch.

Huckepack!
Huckepack!
Ich reite durch den Zoo.
Mein Vater trägt mich huckepack.
Kängurus tragen die Kleinen so:
Sie hocken in Mutters Beutel.

پشت سرهم

نی نواز

ظاهر

D
شیطان
اژدها

RÄTSEL

Stark waren wir
und riesengroß.
Nichts blieb von uns –
ein paar Knochen bloß.

WORT-SCHATZ

paddeln * Tandem * baden
Dudelsack * Dirndl * dirigieren
Radio * Holunder * drei Freunde
Flieder * Rad * Eidechse * Buddha
Dackel * Delphin * Dachs * Dornen
Distel * Dämon * Dogge * Degen
Drache * Dolch * Dreieck
Dinosaurier * Dreiklang

Aller guten Dinge sind drei.

Wut hat 3 Buchstaben,
sagt Max.
Mut hat auch 3,
sagt Ina.

Der Dackel darf alles!

Er soll nicht betteln,
wenn wir essen,
und er bettelt doch.

Er soll nicht bellen,
wenn Besuch kommt,
und er bellt doch.

Er soll nicht buddeln,
wenn wir im Wald sind,
und er buddelt doch.

Er soll nicht auf dem Sofa liegen
und er tut es doch.
Niemand ist ihm böse.

Ach, wäre ich doch ein Dackel!

DRINNEN

Droht draußen das Dunkel,
bin ich drinnen geborgen.
Unter Decken im Bett
will ich schlafen bis morgen.

Wie der Bär in der Höhle,
wie der Vogel im Nest,
hab ich's warm und gemütlich
und schlafe fest.

e

E
12 – 1 =
11

RÄTSEL

Es fällt herab
vom Himmel,
sieht weiß aus
wie ein Schimmel,
ist wie ein Bettchen weich,
zerfließt wie Wasser gleich
und macht dann nass –
was ist das
? (Volksgut)

WORT-SCHATZ

Zwerge * Schneewittchen * Zwerge
Schneebesen * Schneeschaufel
Tee * Schneeglöckchen * Schnee
Himbeere * Klee * Brombeere * Hexe
Meerschweinchen * Fee * Elster
Enten * Einhorn * Engel * Eremit
elf * Erbsen * Elfen * Enzian * Elefant
Efeu * Esel * Erdbeeren * Eber

Enten, Esel, Elefant
sind wirklich
und sind uns bekannt.
Engel, Elfen oder Feen
kann man auf Bildern
und in Träumen sehn.

ee

Schnee fiel,
als wir in den Zug stiegen.
Wir fuhren den ganzen Tag
durch ein schneeweißes Land.

Schnee fiel,
als wir endlich ankamen.
Drei Menschen standen auf dem Bahnsteig:
Elke, Andreas und Markus.
Sie hatten lange auf uns gewartet.

Neben ihnen standen  :
eine Schneefrau für Elke,
ein Schneejunge für Andreas,
ein Schneejunge für Markus,
ein Schneemädchen für dich,
eine Schneefrau für mich
und sogar ein Schneehund.

Wir sind dann heimgegangen.
Die Schneemännchen blieben stehen
und warteten auf den nächsten Zug.

Schlüpft ein Vogel
aus dem Ei,
bricht die Schale
er entzwei.

Schlüpft ein Ei
ins Wort hinein,
macht das E
sich mEistens klein.

f
f f F

F

RÄTSEL

Der Tag ist mir verhasst,
die Nacht ist mein Vergnügen;
zwar Federn hab ich nicht,
doch kann ich wacker fliegen.

(Volksgut)

?

WORT-SCHATZ

Pantoffel * Schiffe * Waffel * Giraffe
Affe * Tafel * Koffer * flüstern
Hufeisen * füttern * Hafer * fahren
fallen * raufen * Faden * Flöten * Fächer
Farn * Feder * Fenster * Fuchs * Floh
Ferkel * Fledermaus * Fasan
Feuerwehr * Frosch * Feuer

Frei

Die Faust geschlossen,
ein Käfer drin –
es kitzelt! Du meinst,
dass ich grausam bin?

Vorsichtig öffne ich
meine Hand. –
Er hebt die Flügel
und fliegt ins Land.

FIFIS FOTO

Fifi sucht ein Foto,
ein Foto für ihren Pass.

Dieses Foto?
Es ist zu groß.
Dieses Foto?
Fifi ist zu klein.
Dieses Foto?
Fifis Familie ist mit drauf.

Fifi geht zum Foto-Automaten.
Reingehen,
Vorhang zuziehen,
Geld reinstecken,
schnell hinsetzen,
stillhalten,
warten,
warten …

Es blitzt!
Es blitzt noch einmal.
Rausgehen,
warten …
Da kommen die Fotos.

„Wie doof!
So doof sehe ich nicht aus.“
Papa lacht:
„Pass-Fotos sind immer doof.
Guck meins mal an!“
Fifi lacht:
„Wirklich doof!
Und das bist du?“
„Nicht wirklich“, sagt Papa.
„So bin ich doch nur
auf dem Pass-Foto.“
„Ein Glück!“, sagt Fifi.

g

G

RÄTSEL

Du findest mich im Garten.
Du findest mich am See.
Ich schnatter, wenn ich rede.
Ich watschel, wenn ich geh.
Ich habe graue Schwestern,
doch bin ich selber weiß.
Du siehst mich selten einsam.
Nun rate, wie ich heiß

?

WORT-SCHATZ

Wiege ⋆ Spargel ⋆ Waage ⋆ Nägel
Zange ⋆ gurgeln ⋆ Geburtstag ⋆ gähnen
Geige ⋆ Bagger ⋆ Bogen ⋆ Vogel
Känguru ⋆ Wagen ⋆ Glas ⋆ Gürteltier
Gürtel ⋆ Gespenst ⋆ Galgen ⋆ Gämse
Gondel ⋆ Geier ⋆ Gabel ⋆ Garten
Gabeln ⋆ Geld ⋆ Girlande ⋆ Grab

Das Känguru,
das Gürteltier
triffst du
woanders
und nicht hier.

Aber blätter mal zurück!

GEBURTS-TAG

Kind, wenn du Geburtstag hast,
lad liebe Gäste ein,
weil du ein Grund zum Feiern bist.
Und ihr sollt fröhlich sein!

Kind, wenn du erwachsen bist,
vergiss nicht, froh zu sein
am Tag, der dein Geburtstag ist,
denn dieser Tag ist dein.

Singt der Gong
MACHT PAUSE, PAUSE
hör ich,
dass er viel verspricht.

Singt der Gong
AUS IST DIE PAUSE
höre ich ihn
manchmal nicht.

h

H

RÄTSEL

Bin der Herr von Tippen-Tappen,
trag ein Kleid von bunten Lappen,
auf dem Kopfe roten Putz,
kratze gerne in dem Schmutz,
hab auch einen Sporn dazu,
aber leider keine Schuh.

? (Volksgut)

WORT-SCHATZ

Sonnenhut ⋆ häkeln ⋆ Zylinderhut
Fehdehandschuh ⋆ Fahnenstange
Johannisbeeren ⋆ Kahn ⋆ Ahorn
Mohn ⋆ Eichelhäher ⋆ Mohn ⋆ Uhu
Ähren ⋆ Reh ⋆ Hummel ⋆ Heide
Hünengrab ⋆ Hammer ⋆ Holz ⋆ Hahn
Haus ⋆ Henne ⋆ Hose ⋆ Hampelmann
Herz ⋆ Höhle ⋆ Hecht ⋆ Hund

Der Fahrstuhl
im Hochhaus
fährt hoch hinauf.
Knopf drücken!
Warten –

die Türe geht auf.

H · h

Hanna hat eine Höhle
unter der Bank in der Küche.
Wenn Hanna in der Höhle hockt,
kann sie heimlich hören,
was oben am Tisch geredet wird.

Einmal ist Hanna
beim Zuhören eingeschlafen,
so langweilig war es.
Als sie wieder aufwachte,
standen vor ihrer Höhle
zwei schwarze Hosenbeine
mit schwarzen Lackschuhen
und gelben Socken.
Hanna hatte sie noch nie gesehen.

Der Herr in den Hosenbeinen
sagte kein Wort,
Hanna hörte ihn nur brummen.
Mutti sagte auch nicht viel.
Sie blätterte in einem Heft.
Hanna hörte es rascheln.

Ihr wurde ganz unheimlich,
und sie wäre gerne
aus der Höhle gekrochen,
aber sie traute sich nicht.

Dann stand der Herr auf.
Auch Mutti schob ihren Stuhl
vom Tisch und erhob sich.
Der Herr sagte: „Gut! So wird es."
Dann gingen die schwarzen Hosen
zur Küchentür und hinaus.

Hanna huschte aus dem Versteck.
„Huch!", sagte Mutti.
„Warst du etwa in der Höhle?"
„Was wollte der Herr?", fragte Hanna.
Mutti lachte und hob Hanna hoch.
„Gut, dass du es nicht gehört hast.
Das ist noch ein Geheimnis."

Jetzt erwartet Hanna jeden Tag,
dass das Geheimnis sich enthüllt.

i

I

RÄTSEL

Mein Körper
ist von Holz,
sehr leicht zu brechen.
Mein Herz
kann ohne Stimme
zu dir sprechen.

(Volksgut)

?

WORT-SCHATZ

Pfifferlinge
Zitrone
David

Goliath

Kiebitz * Stifte * Pinguin * Pinsel
Igelkinder * Lineal * Nilpferde
Instrumente * Inderin * Indianer
Instrumente * Iltis * Iris * Igelin * Insel

Ein Igel geht
vor zwei Igeln.
Ein Igel geht
zwischen zwei Igeln.
Ein Igel geht
hinter zwei Igeln,

Wie viel Igel
sind das wohl?

ai

Rainer und Maria spielen Indianer.
Sie haben ein Tipi aus Decken.
Sie haben Pfeil und Bogen,
um Büffel zu jagen.
„Was essen die Indianer
außer Büffelfleisch?“, fragt Maria.
„Ich glaube, Mais“, sagt Rainer.
„Aber wir haben auch keinen Mais.“

Sie gehen in die Küche
und suchen etwas zu essen.
„Wie sieht Mais aus?“, fragt Maria.
„Weiß ich nicht genau“, sagt Rainer.
Maria findet zwei Würstchen.
„Das sollte unser Büffelfleisch sein.“
„Und das sollte unser Mais sein“,
sagt Rainer und nimmt Brot mit.

Dann sitzen zwei Indianer im Tipi
und essen, bis die Büffel kommen.

Kaugummiiiii

Sieglinde liegt und liest.
Sie kaut einen Kaugummi und probiert,
ob er sich gut lang ziehen lässt.
Dann liest sie wieder ein paar Seiten.
Der Kaugummi lässt sich immer länger ziehen.
Sieglinde kann den Arm ausstrecken
und der Kaugummi reißt nicht ab.
Sie liest und kaut
und kaut und liest.
Und dann hat sie eine Idee!
Sie zieht den Kaugummi ein bisschen,
klebt das Ende an den rechten großen Zeh
und streckt ganz langsam das Bein aus.
Der Kaugummi zieht sich
und zieht sich
und zieht sich
und reißt nicht ab.
Da geht die Türe auf und Papa schaut rein.
Iiiiiigitt, Sieglinde!
Wie unappetitlich!
Und dann lacht Papa.

j

25
J

RÄTSEL

Er kann Spuren im Walde lesen.
Er sieht, wo eben ein Hase gewesen.
Er hört mehr
und sieht mehr
als Stadtmenschen,
und
was er nicht sieht,
das riecht sein Hund.

?

WORT-SCHATZ

Boje * Kabeljau * Kajak * Jo-Jo
Sojabohne * Jelängerjelieber
jonglieren * Jubiläum * Judojacke
Junikäfer * Joker * Jäger * Jasmin
Jongleur * Jungfer im Grünen

Jonathan
übt Jo-Jo,
übt jeden Tag.

Jonathan
übt Jo-Jo,
weil er das mag.

k

K

RÄTSEL

Als ich von meiner Mutter kam,
da hatt' ich an ein weißes Kleid;
als mir das weiße müde war,
da zog ich an ein grünes Kleid;
als mir das grüne müde war,
da zog ich an ein rotes Kleid;
als mir das rote müde war,
da zog ich an ein schwarzes Kleid,
da war mein Herz wie Stein,
mein Fleisch wie Blut und Wein.

(Volksgut)

?

WORT-SCHATZ

sticken * Küken * kochen * Nikolaus
Eskimo * Kaktus * kegeln
Rotkehlchen * Gurke * Krokodil
Pakete * Maske * Publikum * küssen
Korb * Kühe * Kürbis * Kornblume
Kirschen * Kuckuck * Kakadu
Katzen * Kasperltheater * Karawane
Kranich

Kuckuck
und Kakadu
gucken
dem Kasper zu.

König & Königin

Karli und Karolin haben sich jetzt
Kronen aus Goldpapier aufgesetzt.

König und Königin leben auf Schlössern.
König und Königin reiten auf Rössern.

König und Königin nippen am Glase.
König und Königin rümpfen die Nase.

König und Königin gehen zu Tisch.
König und Königin speisen heut Fisch.

K · k

König und Königin kosten ein Plätzchen.
König und Königin kosen ein Kätzchen.

König und Königin tanzen allein.
König und Königin tanzen zu zwein.

König und Königin fahren hinaus.
König und Königin eilen nach Haus.

König und Königin gehen zur Ruh.
Am Himmelbett zieht man
die Vorhänge zu.

1

L

RÄTSEL

Ein langer,
langer Vater,
eine lange,
lange Mutter
und viele,
viele Kinder.
?
(Volksgut)

WORT-SCHATZ

Stiefel * Zelte * Pilze * Flocken
Blitz * Elch * Schlitten * Forelle
Nelke * lesen * Tulpe * Telefonzelle
Knödel * telefonieren * Laterne
Leiter * Leuchter * Lappe * Locke
Löwe * Lokomotive * Leopard
Lilie * Löwenzahn * Lilie * Libelle
Löffel * Laus

Liebt der Löwe
Löwenzahn?
Das kann ich
dir nicht sagen.

Willst du wissen,
was er liebt,
musst du
den Löwen fragen.

L · l

LILI LERNT LESEN

Lili ist so klein
wie mein kleiner Finger.
Sie kann nicht lesen.
„Schreib mir was“, sagt Lili.
„Ich will lesen lernen.“
Ich schreibe:

Lili ist lieb.

„Das ist zu groß“, sagt Lili.
„Das kann ich nicht lesen.“
Ich schreibe:

Lili ist lieb.

„Noch zu groß“, sagt Lili.
„Das kann ich auch nicht lesen.“
Ich schreibe:

Lili ist lieb.

L · l

„Noch kleiner“, sagt Lili.
„Dann kann ich es lesen.“
Ich schreibe:

Lili ist lieb

„Nimm die Lupe“, sagt Lili.
„Dann wird es klein genug.“
Ich schreibe unter der Lupe:

Lili ist lieb.

„Lies mir vor“, sagt Lili.
„Ich selbst habe keine Lust.“
Ich lese vor: „Lili ist lieb.“
„Steht das da?“, fragt Lili.
„Ja“, sage ich, „das steht da.“
„Das stimmt auch“, sagt Lili.
„Ich bin lieb.
Jetzt kann ich es lesen.
Das da heißt:
Lili ist lieb!“

m

M

RÄTSEL

Ich bin ein kleiner,
schwarzer Zwerg
und heb ganz leicht
doch einen Berg.

(Volksgut)

?

WORT-SCHATZ

Emmentaler * Alm * Eimer * Samen
Keime * Primel * Gänseblümchen
Sauerampfer * Baumschwamm
Wiesenschaumkraut * Trommel
Hummer * Kamm * Moos * Mistel
Maiglöckchen * Maus * Mais
Murmeltier * Molch * Maulwurf

Meine Mama
mag Mäuse.
Mich hat sie so lieb.
Manchmal sagt sie:
„Mein Mäuslein!“
Und ich sage:
„Piep!“

DIE MASKE

„Meine Mine kommt!“, ruft Max.
Er läuft zur Tür und macht sie auf.
„Wo ist der Römer?“, fragt er.
„Zeigst du mir den Römer?“

Mine hängt ihren Mantel auf.
„Gib mir die Tüte“, sagt sie,
da ist die Maske drin.“
Mine will als Römer auf’s Maskenfest,
sie hat sich eine Römer-Maske gekauft.

Max holt die Maske aus der Tüte.
Sie ist ganz leicht und sehr groß,
größer als Mines Kopf.
„Setz mal auf!“, sagt Max.

Mine setzt die Maske auf.
Ein grimmiger Mann
schaut auf Max herab.
Max schreit auf.
„Mach das weg!“, schreit er.
Mine nimmt schnell die Maske ab.
„Aber Max!“, sagt sie.
„Du musst doch vor mir
keine Angst haben!“

Max fängt an zu weinen.
Mine nimmt den kleinen Bruder
auf den Arm.
Er klammert sich ganz fest.
Die Ärmchen um Mines Hals,
weint er und schluchzt:
„Meine Mine!
Meine Mine soll kein Römer sein!“

n
Anna

N

RÄTSEL

Es hängt an der Wand,
ohne Nägel und Band,
von jemand gewebt,
der krabbelt und schwebt,
wie ein Seiltänzer läuft,
niemals frisst, sondern säuft.
Nun gib mir bekannt:
Was hängt an der Wand
? (Volksgut)

WORT-SCHATZ

Melone * Pferderennen
Münze * Mandoline * Brennnessel
Ringelnatter * Spinne * Spinnennetz
Fenchel * Winde * Blindschleiche
Kanne * Spinat * Holunder * Pfanne
Nachtigall * Nebel * Nebelkrähe
Nachtfalter * Nelken * Nest
Nussknacker * Nüsse * Narzissen
Neptun * Nautilusmuschel * Nixe

Nebel, Nebel,
weißer Hauch –
alles verschwindet.

Ich etwa auch?

NOCH NICHT!

Wenn Nono bei den Nachbarn klingelt,
macht Tante Inge auf und freut sich.
Einmal geht erst abends die Tür auf
und Onkel Joki lässt Nono herein.
„Wir haben ein Mädchen bekommen“,
sagt er und lacht.
Nono will das neue Kind sofort sehen,
aber es ist bei Tante Inge im Krankenhaus.

„Noch neunmal schlafen“, sagt Onkel Joki,
dann hole ich die beiden heim!“
„Babys brauchen sehr lange,
bis sie endlich da sind“, sagt Nono.
Sie sitzen zusammen am Tisch und reden
von Tante Inge und der kleinen Katharina.

„Morgen warten wir wieder zusammen“, sagt Nono,
dann müssen wir nur noch achtmal schlafen.“
„Und dann nur noch siebenmal“, sagt Onkel Joki.
„Es kommt immer näher. – Gute Nacht!“
„Bald sind wir zwei Kinder im Haus“,
sagt Joki und er geht schlafen.

N · n

Nein, ich mag nicht.
Nein, ich will nicht.
Nein, ich tu nicht,
was du sagst!

Nein, ich komm nicht.
Nein, ich hör nicht.
Nein, ich sag nichts,
wenn du fragst!

Nein, ich geh nicht.
Nein, ich kann nicht.
Nein, du kriegst nichts –
das ist meiner!

Nein, du sollst nicht.
Nein, du darfst nicht.
Nein, nein, nein!
Mich liebt ja keiner.

O

O

RÄTSEL

Dieses rätselhafte Tier,
bunte Eier legt es dir
in den Garten, in die Ecken –
keiner kann so gut verstecken.
Aber niemals zeigt sich dir
dieses rätselhafte Tier.

?

(Volksgut)

WORT-SCHATZ

Knopf * Domino * Knopfloch * Bohne
Kobolde * Salomonssiegel * Sonne
Schlüsselloch * Mond * Rose * Mops
Storch * Dorf * Mimose * Sofa * Ochse
Obst * Ohrenbeuteldachs * Obelisk
Ofen * Okapi * Ostereier * Ohrwurm
Oma * Osterhase * Opa * Ohrringe
Oliven * Ohrenschützer

SONNE

Die Sonne stolz
vom Himmel lacht.

MOND

Der Mond scheint
einsam in der Nacht.

O · o

O lala,
der Knopf ist ab.
O lala,
wo ist er?
O lala,
die Hose rutscht.
Lacht da wer?
Da lacht wer!

O lala,
ich halt sie zu.
O lala,
ganz fest!
O lala,
ein feiger Knopf,
der schnöde
mich verlässt!

Wenn in Höhlen
Trommeln dröhnen,
wenn in Schlössern
Flöten tönen
und im Walde
Hirsche röhren,
Kröten mit Gesang
betören,
Königsmörder
böse stöhnen,
Löwen sich
an Milch gewöhnen…
soll uns niemand,
niemand stören,
weil wir wieder
Märchen hören.

p

P

RÄTSEL

Papageno
hat ein Liebchen,
das wie er den Vögeln gleicht.
Liebchens Name
gleicht dem seinen.
Liebchens Herz
ist federleicht.

?

WORT-SCHATZ

Mappe * Trompete * Kaulquappen
Papagena * Papageno * Suppe
Nilpferd * Schnepfe * Steckenpferd
Lupe * Lampion * Topflappen
Raupen * putzen * Papagei * Pfau
Palast * Pappel * Pfingstrose
Purpurschnecke * Perlen * Pfirsich
Puppen * Petersilie * Pelikan
Pepperoni * Panther

Poppel

Doppelt gemoppelt
zusammengekoppelt
von dannen gehoppelt?

Und ob!

Ein Pferd

Ein Pferd wär' das Schönste
auf der Welt,
ein eigenes Pferd
für mich.

Ein richtiges Pferd
kostet sicher viel Geld,
viel zu viel Geld
für dich.

Und wenn wir sparen –
meinst du, ich kann
doch einmal reiten
dann und wann?

Stephanie
hat Phantasie,
Langeweile
hat sie nie.

qu

Qu

RÄTSEL

Was quibbelt und quabbelt
in unserem Teich?
Was wimmelt und zappelt
im Wasser, im Laich?
Nicht eine,
nicht hundert,
wohl tausend und mehr!
Sie schwärmen und schwimmen
und schwänzeln daher.
Das sind doch ...
Jetzt rate!
Es ist ja nicht schwer.

?

WORT-SCHATZ

Kaulquappen * quaken * Quallen

Die Quaddel
von dem Wespenstich –
die Quaddel juckt.
Sie ärgert mich,
die Quaddel.

Die Quaddel
von dem Wespenstich –
drei Tage drauf
verzieht sie sich,
die Quaddel.

r
% rel.
HYGRO
°C
THERMO

R

RÄTSEL

Gestern, ich wollte nach Hause gehen,
da blieb ich wie angewurzelt stehen:
Einen bunten Bogen hab ich gesehen –
so schön, als wäre ein Wunder geschehen.
?

WORT-SCHATZ

Kirche * Motorrad * Orgel
Fernrohr * Mikroskop * Strahlen
Hygrometer * Barometer
Thermometer * regnen * Strumpf
Rhabarber * Krawatte * rechnen
Brunnen * schreiben * Räuber
Ruine * Reiter * Ring * Rüstung
Regenschirm * Regenbogen
Regenwurm * Rosenkohl * Rad
Radieschen * Rechen * Rebhühner
Ratte

Rrrr –
Rrrr –
Ruf mal an!
Hallo,
hallo!
Wer ist dran?
Du kennst die Stimme.
Rate!
Ich weiß schon:
die Renate!

S
Samson
Susi

S

RÄTSEL

Ein Häutchen voll Luft und Licht
schwebt leise, fast ohne Gewicht,
schillernd und bunt im Sonnenschein.
Dann platzt es. –
Du sollst nicht traurig sein.

?

WORT-SCHATZ

Isis * Oase * Osiris * Messer * Sense
Amsel * Schlüssel * Drossel * Samson
Stallhasen * Susi * Sessel
Seifenblasen * Kissen * Sichel
Sumpfdotterblume * Sack * Spaten
Spachtel * Skorpion * Schattenspiel
Schildkröte * Stiefel * Seerose
Sandalen * Sieb * Scherenschnitt
Schubfach

Psssst!

Sei leise,
wir wollen
nicht stören.
Flüster
und schleiche,
man soll uns
nicht hören.

Psssst!

St · st

SCHNUPPE

Sternschnuppe fällt
vom Himmel herab –
rasch wünsche ich mir,
was ich gerne hab,
bevor sie erlischt,
sonst ist es zu spät,
damit es bestimmt
in Erfüllung geht.

Spuk

Was spukt im Flur?
Was spukt im Schrank?
Dass da was spukt,
macht mich ganz krank.

Es spukt bestimmt,
ich hör es ja!
Nun knispelt es …
Da ist wer da!

Es kratzt …
Es schnurrt …
Und mir fällt ein:
Das kann nur
meine Katze sein.

USCHI SCHWIMMT

Uschis Papi kann schwimmen.
Uschis Mami kann schwimmen.
Ihre Schwester kann schwimmen.
Ihr Bruder kann schwimmen.
Jedes Schiff kann schwimmen.
Jeder Schwan kann schwimmen.
Und die Fische können schwimmen.
Alle können es.
Nur Uschi kann es nicht.

Sie weiß schon, wie man es machen muss,
wie man Arme und Beine richtig bewegt.
Aber sie ist noch nie ohne Schwimmflügel
im tiefen Wasser gewesen.
Und die Schwimmflügel sind scheußlich!

Uschi schaut den Fischen zu.
Warum haben die keine Angst unter Wasser?
Ist es da gar nicht so schlimm?
Uschi will endlich schwimmen!

Sie springt ins Wasser.
Sie schwimmt zwei Züge
und geht langsam unter;
aber sie hört nicht auf:
noch ein Zug
und noch ein Zug
und noch einer –
da taucht sie wieder auf
und schwimmt und schwimmt
und geht nicht mehr unter.

Auf einmal ist Papi dicht neben ihr.
„Ich schwimme!“, lacht sie.
Und sie schwimmen zusammen zum Ufer,
wo Mami wartet. Sie ist ganz blass.
„Hast du mich gesehen?“, fragt Uschi stolz.
„Ich kann richtig schwimmen!“

Uschi schaut sich nach Papi um.
„Warum bist du denn mit Schuhen
ins Wasser gegangen?“

t

T

RÄTSEL

Hundert kleine Kügelchen
hängen im Sonnenscheine,
jedes ist ein Krügelchen,
voll von süßem Weine.
Und nun rat, mein Klügelchen,
was ich da wohl meine.

(F. Güll)

?

WORT-SCHATZ

Ente * Bett * Elefant * Huflattich
Schnittlauch * Torte * Noten * Terzett
Gitarre * tanzen * Laute * Weste
Hochzeitsautos * Bukett * Tapir
Turnier * Tiger * Totem * Talisman
Tür * Tauben * Tor * Tod * Tempel
Teufel * Tafel * Trauben * Tinte

Tante Grete
ist etepetete.

Sie jammert,
wenn es kracht.
Sie zetert,
wenn man lacht.
Sie fürchtet sich
vor Dreck.
Sie ekelt sich
vor Speck.

Tante Grete
ist etepetete.

TOCHTER

Eines Tages,
als die Mutter
viele Gedichte und Rätsel
für das Buch gemacht hatte,
die immer die Tochter
als Erste vorgelesen bekam,
machte die Tochter ein Rätsel,
las es der Mutter vor
und sagte:
„Das soll auch in das Buch!"
Da steht es nun.
Kannst du es erraten?

Es sind zwei stolze Tiere,
die ziehn ein kleines Haus,
und steigst du da hinein,
dann fahrn sie dich hinaus.

(Kutsche)

Bin ich der Bräutigam,
bist du die Braut,
fahr'n wir zur Kirche
und werden getraut.

Rutscht mir der Hut auch
und schlappen die Schuh –
die allerschönste Braut,
Liebchen, bist du.

u
Mo
Di
Mi
Do
Fr

U
01.35

RÄTSEL

Ich bringe dich rasch
von Ort zu Ort.
Tür auf –
Tür zu –
schon fahren wir fort.
Ich sause durch Dunkel
und künstliches Licht.
Grüß mir die Sonne!
Ich seh sie ja nicht.

?

WORT-SCHATZ

Mutter * Schuh * Schraube * Stuhl Hut * Buch * Stundenplan * zuhalten Luftballon * Nudeln * Tube * Schnur Schlüsselblume * Pudel * Sand-Uhr Sonnen-Uhr * Digital-Uhr * Stand-Uhr * Armband-Uhr * Küchen-Uhr U-Bahn * Taschen-Uhr * Urne * Uhu Unke * Urahne * Ulme * Urahn

Juhu –
Nudelsuppe
mit Buchstaben!

Ich suche
meinen Namen:

Und die Suppe?

„Hü!“, ruft Jürgen. „Hü! Hü!“
Er haut sich
mit dem Stöckchen
auf den Hintern.
Dann reitet er los
und springt über die Hürden.

Vor jeder Hürde wiehert er
und will nicht hinüber.
„Hü!“, ruft er dann
und springt doch.

Drei Hürden schafft er
ohne einen Fehler.
Die vierte Hürde wirft er um.

„Brrr!“, sagt Jürgen. „Brav!
Das müssen wir aber noch üben.“
Er wendet sein Pferd
und reitet zurück.

ZUM HEULEN

Wenn ich etwas
zum Heulen finde,
heule ich mich leer.
Kummer schlucken
macht mich wütend
und das Herz mir schwer.

Wenn ich etwas
zum Freuen finde,
freue ich mich satt.
Und ich teile
meine Freude
mit dem, der keine hat.

4
V
Eva

V

RÄTSEL

Mein schwarzer Kopf:
ein alter Topf,
und Arm und Bein zwei Stecken;
und mein Gewand
ein Allerhand
von Lappen, Lumpen, Flecken,
dem Spatzenflug
und Taubenzug
ein Schauder und ein Schrecken.

? (Volksgut)

WORT-SCHATZ

vier * Klavier * Pavian * Lavendel
Oval * Oliven * Avocado * Serviette
Malve * Kuvert * Ravioli * Konserven
Vase * Vulkan * Villa * Vorhang
Veilchen * Vergissmeinnicht * Violine
Vogelhaus * Vogelscheuche * Vielfraß
Vollmond * Vielliebchen

Vulkane nachts
im Feuerschein
Rauch, Steine, Glut
und Lava spein.

VERLOREN

Wo ist die Mütze?
Ich hab sie verloren!
Womit nur schütze ich meine Ohren
gegen die Kälte, gegen den Wind,
wenn ich die Mütze nicht wiederfind'?

Hast du sie vergessen?,
wird Mutti mich fragen.
Nachher beim Essen muss ich ihr sagen,
dass ich gesucht hab, gründlich und lang,
in allen Ecken, in meinem Schrank.

Weg kann sie nicht sein!
Wo war sie zuletzt?
Ich tat sie wo rein -
doch wo nur?
Ach jetzt
weiß ich's genau!
Da!
Ich hab sie entdeckt!
Sie hat sich im Ärmel des Mantels versteckt.

VIELLIEBCHEN

Dein Vielliebchen wär ich gerne!
Diese Nuss, die hat zwei Kerne –
einen Kern für dich,
einen Kern für mich.

Wenn wir zwei Vielliebchen essen,
werden wir uns nie vergessen –
ewig lieb ich dich,
liebst du ewig mich.

Dass wir an Vielliebchen denken,
wollen wir uns etwas schenken.
Sag, was wünschst du dir?
Und was schenkst du mir?

W

W
Wort

RÄTSEL

Hoch oben am Himmel
traben die Schimmel,
eine ganze Herde,
kommt nie auf die Erde.

?

(Volksgut)

WORT-SCHATZ

winken ⋆ Löwe ⋆ weinen
Struwwelpeter ⋆ Gewichtheber
Schwan ⋆ werfen ⋆ Möwe ⋆ Edelweiß
Schwein ⋆ Geweih ⋆ wippen
Gewichte ⋆ wischen ⋆ Windrad ⋆ Wolf
Wasserrad ⋆ Wacholder ⋆ Weide
Würfel ⋆ Winterwald ⋆ Wein
Walnuss ⋆ Waage ⋆ Wicke ⋆ Wurst
Wort ⋆ Waschmaschine

W ipp e

Warte ein Weilchen –
auf geht es
und nieder.
Warte ein Weilchen –
gleich
schwebst du wieder.

W · w

Wasti mag sich nicht waschen.
Er plätschert mit der Hand im Wasser.
Das hört sich so an, als ob er sich wäscht.
„Komm, wasch dich!“, sagt Mama
und fängt an, die Waschmaschine zu füllen.

Wenn ich groß bin,
erfinde ich eine Waschmaschine für mich.
Da setz ich mich faul rein.
Ein lauwarmer Wasserfall macht mich nass.
Dann wirbeln weiche Waschlappen
und streicheln mich mit Schaum.
Mein Wasserfall spült mich wieder ab
und mein warmer Wind bläst mich trocken.

„Du träumst ja“, sagt Mama.
„Soll ich dich waschen?“
Wasti hält ganz still.
„Du bist meine Waschmaschine!“, sagt er.
„Was?“, sagt Mama,
„eine Waschmaschine soll ich sein?“
Sie gibt Wasti einen Kuss
und rubbelt ihn ganz fest ab.

Ich wollt, ich wär ein Elefant.
Ich wollt, ich wär ein Stier.
Dann trampelte ich durch das Land
und brüllte laut nach dir.

Ich wollt, ich wär ein Zauberer.
Ich wollt, ich wär ’ne Fee.
Dann zauberte ich uns ein Schloss
in einem grünen See.

Ich wollt, ich wär ein Schmusetier.
Ich wollt, ich wär ganz klein.
Dann schmuste ich auf deinem Schoß
und schliefe bei dir ein.

X

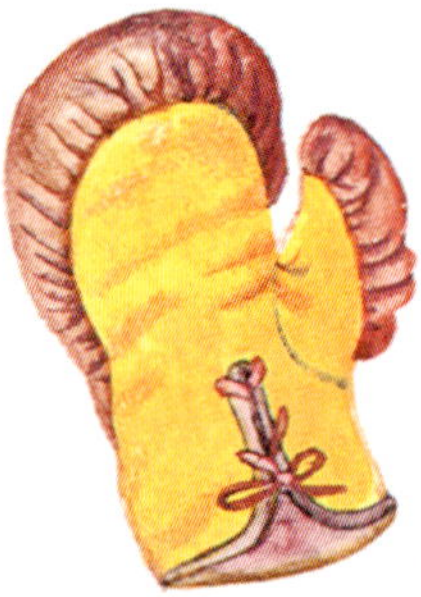

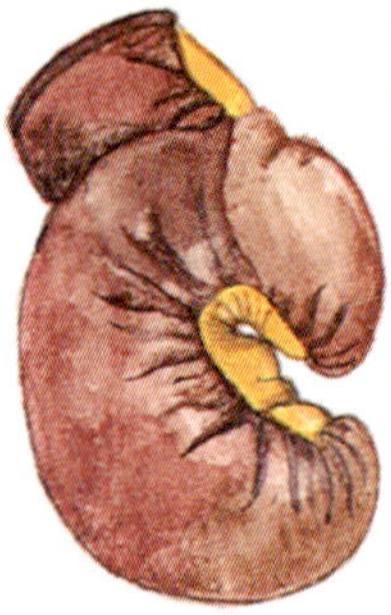

Axt Die Axt ist ein Werkzeug, mit dem man Holz spalten kann.

Box Die Box ist ein Raum im Pferdestall. Jedes Pferd hat seine eigene Box.

Boxer Der Boxer kämpft mit Fäusten. Er boxt.

Boxer Der Boxer ist ein Haushund. Er ist meist lieb und geduldig mit Kindern.

Faxen Kannst du Streiche und Späße machen? Das sind Faxen.

Felix Felix ist ein Name für Jungen und bedeutet „der Glückliche". „Die Glückliche" heißt Felicitas.

Hexe Die Hexe kann Mensch und Tier verzaubern. Sie hext.

Jux Ein lustiger Unsinn ist ein Jux.

Kruzifix Ein Kruzifix ist ein Bild Jesu am Kreuz.

Lux Lux ist das lateinische Wort für „Licht".

Luxus Im Luxus lebt, wer mehr hat, als er eigentlich bräuchte.

Max Max ist die Kurzform von Maximilian, das bedeutet „der Größte".

Mexiko Mexiko ist ein fernes, heißes Land. Es liegt in Mittelamerika.

Nixe Eine Nixe ist eine Seejungfrau. Sie hat keine Beine und Füße, sondern einen Schwanz wie ein Fisch.

Phlox Der Name Phlox bedeutet „Flammenblume", aber nur eine Art ist flammend rot. Es gibt Phlox in vielen Farben.

Phönix Der Phönix ist ein Wundervogel. Er wird uralt, verbrennt zu Asche und aus der Asche erhebt er sich neu und jung.

Saxophon Mit dem Saxophon kann man Musik machen. Man bläst hinein. Adolphe Sax hat es erfunden.

Sphinx Die Sphinx ist ein sagenhaftes Ungeheuer. Sie soll den Kopf einer Frau, den Leib eines Löwen und Flügel haben. Sie gibt Rätsel auf.

Taxi Das Taxi fährt dich, wohin du willst. Die Fahrt musst du bezahlen.

X

X Das ist der 24. Buchstabe im deutschen Alphabet. In deutschen Wörtern kommt es selten vor. Bei den Römern war X das Zahlzeichen für 10.

Xanten Xanten ist eine alte Stadt am Rhein. Es gab dort schon zur Zeit der Römer eine Stadt, die „Vetera Castra“ hieß.

Xanthippe Xanthippe war die Frau von Sokrates. Sie wollte angeblich immer mit ihm zanken. Beide lebten vor Zeiten in Griechenland.

X-Beine Manche Menschen haben keine geraden Beine, sondern X-Beine: Die Füße kommen nicht zusammen, aber die Knie treffen sich.

Xenia Xenia ist ein Name für Mädchen, er bedeutet „die Gastfreundliche“.

Xerxes Xerxes war vor mehr als 2000 Jahren Herrscher über ein großes Reich in Kleinasien. Er ließ vieles erbauen und vieles zerstören.

Xylophon Das Xylophon ist ein Musikinstrument. Die Stäbe klingen, wenn du sie anschlägst. Jeder Stab hat einen eigenen Ton.

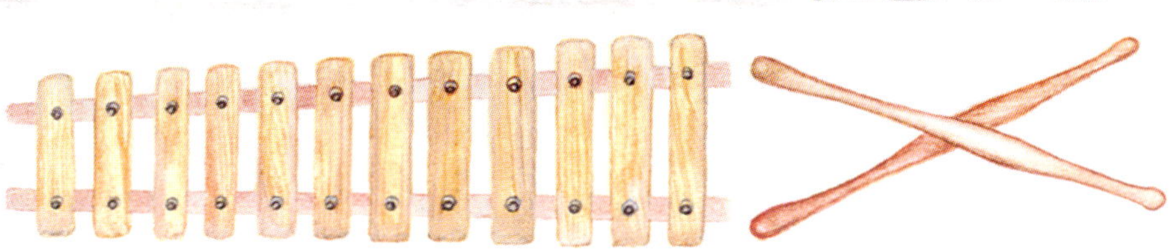

NOKIXEL
LEXIKON

WORT-SCHATZ-SUCHER

Ein Lexikon ist wie eine Schatzinsel für Neugierige. Willst du wissen, was ein Wort bedeutet, kannst du im Lexikon nachgraben – sozusagen. Lexika sind Bücher.
Es gibt Lexika für Erwachsene und für Kinder. Manche sind sehr dick, manche sogar mehrbändig.
Und wie findet man sich darin zurecht?
Der Plan ist so: Zuerst kommen die Wörter, die mit A anfangen. Dann kommen die mit B, dann die mit C, D, E, F, G … Sie folgen einander nach dem Alphabet. Wörter mit dem Anfangsbuchstaben X stehen fast am Ende, vor denen mit Y und Z. Dann ist Schluss.
Und wo steht Abraxas? – Bei den Wörtern mit A. Und Mexiko? – Bei denen mit M. Wo stehen Hexe, Fixstern, Praxis, Rex, Nixe, Text? Und was bedeuten diese Wörter? Grab im Lexikon nach! Ich verspreche dir, du wirst sogar Schätze finden, nach denen du gar nicht gesucht hast.

Felix sollte
glücklich sein,
aber Felix
ist allein,
und allein –
das sieht man ein –
kann Felix
nicht recht
glücklich sein.

y

Y

RÄTSEL

Ein seltenes Ding mit einem Bein
gibt Rätsel auf und macht mir Pein:
Spricht man's
wie ü?
Wie j?
Wie i?
Genau weiß ich's so gut wie nie!

Man unterhält sich. Einer nennt
ein Wort, das scheinbar jeder kennt –
nur ich weiß nicht,
wovon man spricht.
Zu fragen werd ich mich nicht trauen.
Mir ist es lieber, nachzuschauen.
Und find ich es im Lexikon,
ist es ein Wort mit ...?

WORT-SCHATZ

Hieroglyphen *Labyrinth *Zypresse Pyramide *Lyra *Teddys *Dynamo symmetrisch *Hydrant *Ysop *Yoga

Y · y

Typisch Maya!

Den Teddy
findet sie nicht.
Ihr Dynamo
geht nicht.
Yoga
kann sie nicht.
Ysop
mag sie nicht.
Hieroglyphen
versteht sie nicht.
Zypressen
erkennt sie nicht.
Im Labyrinth
verirrt sie sich.

Typisch Maya!

Z
zwölf

Z

— KREUZ-WORT-RÄTSEL —

WORT-SCHATZ

Rapunzel * Wanze * Kranz * Prinz
Rapunzel * Walze * Rhinozeros
Tänzerin * Katzen * Matratzen
Stelzen * Herzen * Rumpelstilzchen
zwölf * Zecke * Zapfen * Zaunkönig
Zopf * Zopf * Zwillinge * Zeppelin
Zaumzeug * Zauberer * Zebra
Zwerg Nase * Zahlen * Zettel
Zifferblatt

Z

Zauberspruch für alle Fälle

Ohne Zittern,
ohne Zagen
3 • „Hokuspokus" sagen,
3 • mit dem Kopfe nicken,
3 • um die Ecke blicken,
3 • trocken runterschlucken,
3 • mit der Nase zucken,
3 • mit dem Fuße wippen,
3 • mit dem Finger schnippen,
3 • fest die Daumen drücken –
diesmal soll mir alles glücken!

ZAHNARZT PURZEL

Ein Zahn ist locker.
Der Zahn ist locker und soll raus.
Aber wie?
Mit der Zunge?
Der Zahn zappelt, aber er hält fest.

Mama nimmt einen Faden.
Fritz zuckt zurück.
Papa will den Zahn anfassen.
Fritz zuckt zurück.
Er muss aber raus, der Zappelzahn.
Also gut, gehen wir zum Zahnarzt!

Purzel wedelt mit dem Schwanz.
Er darf mitkommen.
Fritz hält die Leine mit den Zähnen.
Er zieht den Mantel an.
Er setzt die Kapuze auf.
Er knöpft den Mantel zu.

Purzel zieht an der Leine.
Ruck – zuck!
Der Zahn ist raus.
Ach, Purzel, wie gut!

ZIRKUS-SCHULE

Rings um das Zirkus-Zelt stehen Wagen.
In einem der Wagen
sitzen jeden Morgen zehn Kinder,
Zirkus-Kinder.
Sie sitzen in der Zirkus-Schule.
Was lernen sie dort?
Seiltanzen?
Messerwerfen?
Zaubertricks?
Nein!
Sie lernen,
was alle Kinder in der Schule lernen:
Schreiben,
Lesen,
Rechnen.
Aber nach der Schule,
da üben sie Kunststücke,
z. B.
Zebra-Tanz zu dritt.

AUF WELCHER SEITE?

LÖSUNGEN

Apfel
Brezel
Cello
Dinosaurier
Schnee
Fledermaus
Gans
Hahn
Bleistift
Jäger
Kirsche
Leiter
Maulwurf

Spinnennetz
Osterhase
Papagena
Kaulquappe
Regenbogen
Seifenblase
Trauben
U-Bahn
Vogelscheuche
Wolken
Lexikon
Y
Walze

In der Walze: RAPUNZEL · ZEPPELIN · WANZE · ZWERG · ZWILLINGE

Spaß zum Schluss

Ich finde das ß so hübsch.
Ich mag es gerne schreiben.
Doch ach!
Bei Schloss und Bass und Kuss
lass ich es besser bleiben.
Nicht, weil ich will.
Nein! Weil ich muss!
Nun also: Schluss!

Ich tröste mich
mit Fleiß und Fuß,
mit Floß und Stoß
und Ruß und Gruß.

Ute Andresen war fast fünfundzwanzig Jahre lang Grundschullehrerin in München; anschließend gab sie an der Universität Erfurt ihre Erfahrungen mit lernenden Kindern an künftige Grundschullehrer/Innen weiter. Im Beltz Verlag erschienen von ihr u.a. die viel beachteten pädagogischen Sachbücher: *So dumm sind sie nicht – Von der Würde der Kinder in der Schule*, *Versteh mich nicht so schnell – Gedichte lesen mit Kindern* und *Ausflüge in die Wirklichkeit. Grundschulkinder lernen im dreifachen Dialog*. Bei Beltz & Gelberg erschien von ihr außerdem *Bruder Löwenzahn und Schwester Maus, Geschichten von Tieren und Pflanzen* (79871) sowie zuletzt *Lass mich mal – Lesen und Schreiben* (75355).

Monika Popp (1941–1998) wuchs in Nürnberg auf. Sie studierte an der Akademie der Bildenden Künste in Nürnberg und an der Kunstakademie in München, wo sie anschließend als Dozentin lehrte. Monika Popp hat zahlreiche Bilderbücher veröffentlicht.

»ABC und alles auf der Welt« erschien 1984 erstmals als gebundene Ausgabe und wurde für diese Ausgabe überarbeitet.

www.beltz.de

Neue Rechtschreibung
Illustrationen von Monika Popp
Layout von Dieter Wiesmüller
Scherenschnitte auf den Seiten 70 und 71 von Friederike Trauer
Einband von Max Bartholl
Druck: Beltz Druckpartner GmbH & Co. KG, Hemsbach
Bindung: Beltz Bad Langensalza GmbH, Bad Langensalza
Printed in Germany
ISBN 978-3-407-75315-1

6 7 8 15 14 13